Fischer Mini

Burgen

Tim Wood

Fischer Verlag

Alle Rechte der deutschsprachigen Ausgabe bei
FISCHER VERLAG GMBH, Remseck bei Stuttgart,
1993

Tim Wood
Deutsche Übersetzung und Bearbeitung:
Dieter Rex, Verlagsproduktion, Utting a.A.
Anke Fischer, Landsberg

ISBN 3 439 82109 9

Inhalt

Wenn du auf ein unbekanntes Wort triffst, dann suche im Glossar eine Erklärung.

Belagerung

Die Belagerung hat begonnen! Soldaten stürzen zur Burgmauer, legen ihre Leitern an und klettern hinauf. Katapulte schießen Steine über die Mauer. Das Burgtor erbebt unter den Stößen einer Eisenramme. Die Verteidiger spannen ihre Bögen, und kurz darauf geht ein Pfeileregen auf die Angreifer nieder. Kampfgeräusche lassen die Luft erzittern.

Viele Burgen sind heute nur noch leere Ruinen. Wenn du dieses Buch liest, erfährst du, wozu eine Burg vor vielen hundert Jahren diente.

Was ist eine Burg?

Einerseits diente die Burg als Wohnung – andererseits als gutgeschützte Festung, in der die Menschen vor Angriffen sicher waren. Viele Burgen wurden zur Verteidigung wichtiger Orte, wie Städte, Häfen und Straßen, angelegt. Reiche Barone und Ritter bauten sich Burgen, um ihre Ländereien zu schützen. Mit den Jahren veränderte sich ihre äußere Gestalt.

Burganlage

1. Der Steinturm wurde gewöhnlich zuerst errichtet. Er war der gewaltigste Teil der Burg.
2. Der innere Burgwall erhielt durch Türme zusätzlichen Schutz.
3. Der äußere Burgwall wurde meist zuletzt gebaut.
4. Der große Burghof bot vielen Menschen Zuflucht.
5. Pfeilschlitze in der Burgmauer dienten den Bogenschützen.
6. Kreuzförmige Pfeilschlitze gaben den Armbrustschützen Sicherheit.

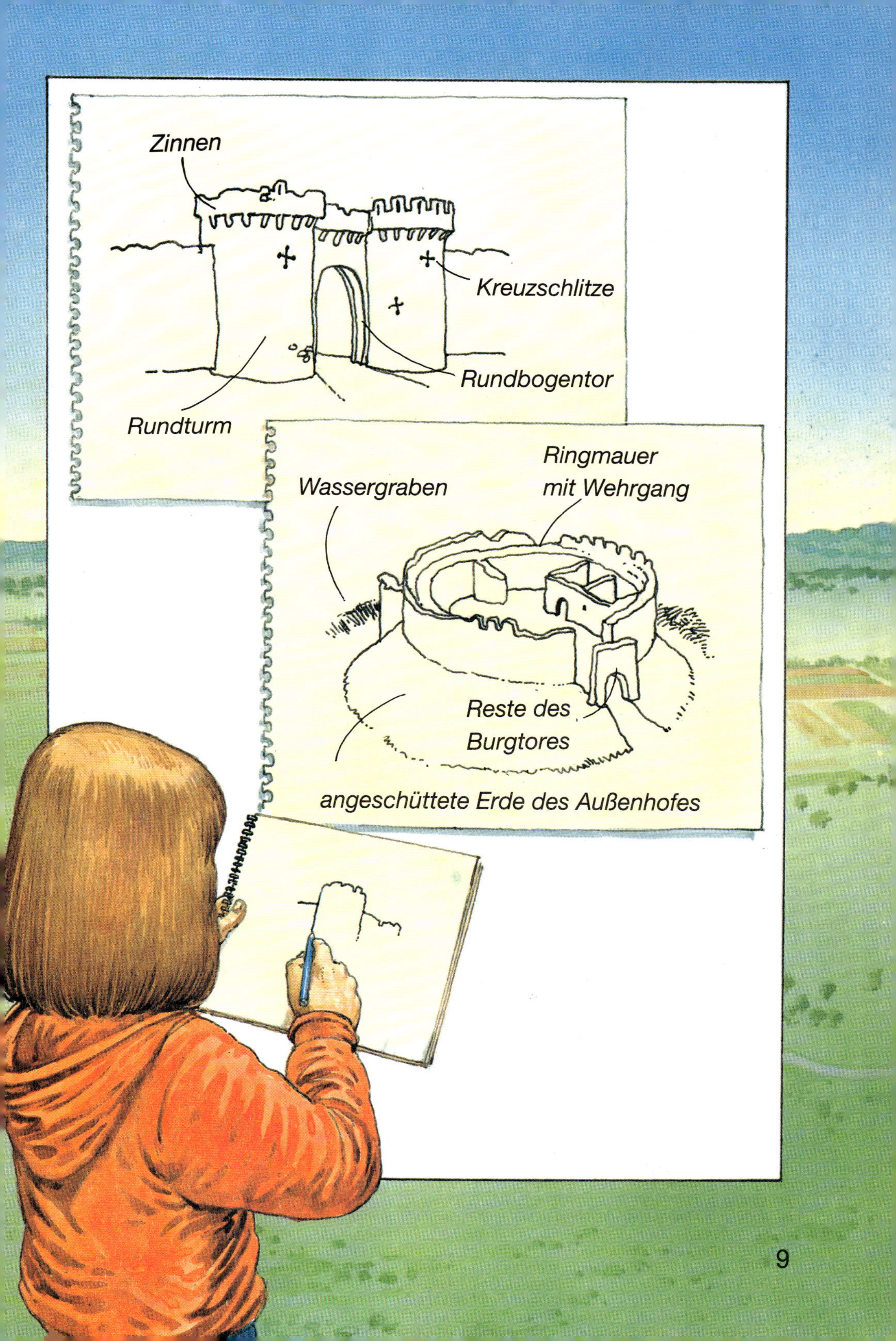
Zinnen
Kreuzschlitze
Rundbogentor
Rundturm
Wassergraben
Ringmauer
mit Wehrgang
Reste des
Burgtores
angeschüttete Erde des Außenhofes

Die ersten Burgen

Die ersten Burgen, die vor etwa 900 Jahren gebaut wurden, hießen Fliehburgen. Die Anlage bestand aus einem Erdwall und einem höhergelegenen Turm. Den Burghof umschloß eine Mauer aus dicken Hölzern, den Palisaden, die gleichzeitig die Tiere im Hof hielten.

Baue deinen eigenen Burgberg

1

1. Nimm 200 g Mehl und 300 ml Wasser, und verrühre es zu einer Paste. Tauche kleine Zeitungstreifen in die Paste und lege sie über eine umgedrehte Salatschüssel. Löse die trockene Masse vorsichtig von der Unterlage und bemale sie grün.

2

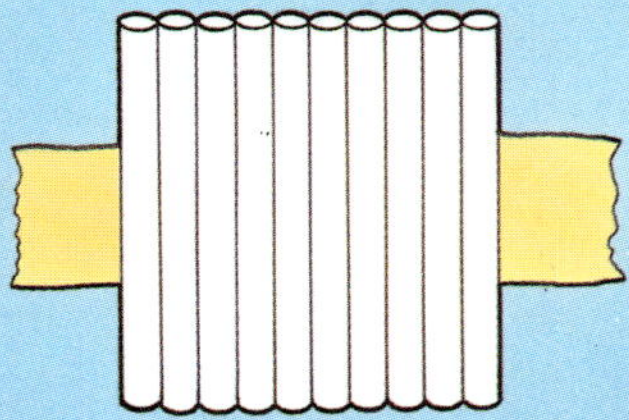

2. Für den Holzwall schneidest du Trinkröhrchen in 5 cm lange Stücke und klebst sie nebeneinander auf Klebeband auf.

4. Klebe aus zwei langen und mehreren kurzen Strohhalmen eine Leiter. Für die Zugbrücke beklebst du einen rechteckigen Karton mit Strohhalmen. Befestige die Brücke mit Schnüren.

3. Schneide aus Milchkartons die Türme und anderen Gebäude. Klebe zurechtgeschnittene Strohhalme auf die Außenseite.

Burgen aus Stein

Bald wurden die Holzpalisaden durch starke Steinmauern ersetzt. Ärmere Ritter, die keine Burganlage bauen konnten, errichteten auf ihren Ländereien große Herrenhäuser. Die Bauern bewirtschafteten das Land und zahlten für ihren Schutz Geld und Ernteerträge an den Ritter.

Einige Burgen bestehen nur aus einem mächtigen Steinturm. Dicke Mauern bis in 35 Meter Höhe und hochgelegene Eingänge dienten dem Schutz vor Angreifern.

Wehrhafte Burgen

Ab dem Jahre 1250 begannen die Könige und der Adel einen anderen Burgtyp zu bauen. Die sogenannten »konzentrischen« Burgen besaßen zwei unabhängige Burgmauern. Hatten die Belagerer die äußere Mauer durchbrochen, mußten sie noch die innere Burgmauer überwinden. Nicht in jeder konzentrischen Burg befand sich im Inneren ein Steinturm. Stattdessen wurden im Innenhof direkt an der Mauer kleine Wohngebäude errichtet. Das Tor umgab ein starkes befestigtes Haus.

Plan einer konzentrischen Burg

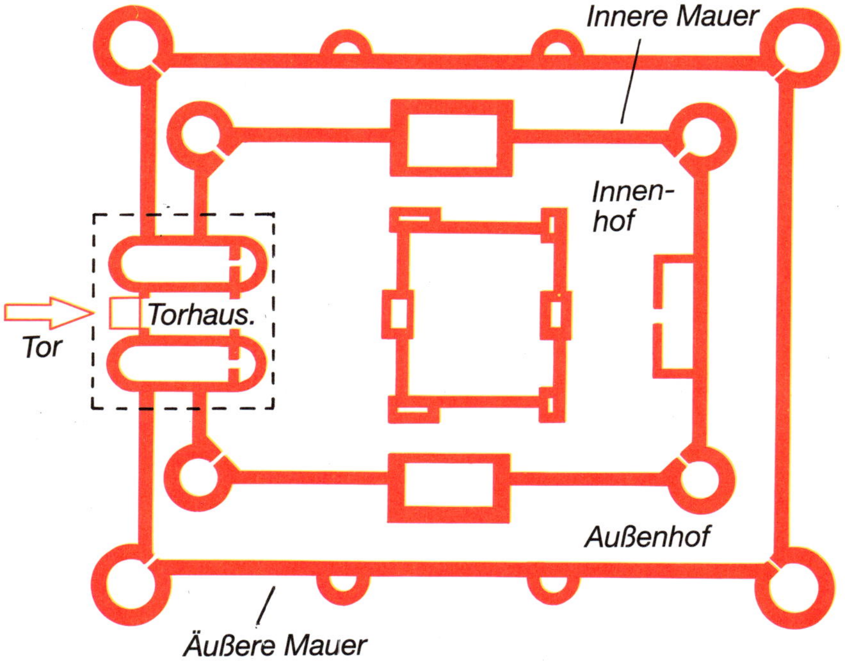

Das Torhaus

1. Die Bogenschützen hielten die Angreifer durch Pfeile vom Tor fern.
2. Die Zugbrücke konnte hochgezogen werden und verschloß das Tor.
3. Ein Fallgitter wurde heruntergelassen.
4. Durchstießen Angreifer das Tor, regnete es Steine, heißes Wasser oder Sand aus den Deckenlöchern auf sie herab.
5. Durch Seitenlöcher in den Wänden konnten Bogenschützen auf Eindringlinge schießen.
6. Von der höheren Innenmauer schossen Bogenschützen Pfeile über die Köpfe der Verteidiger nach außen.

Eine Winde zog schwere Lasten nach oben.

Die Winde wurde durch einen Arbeiter bewegt, der im Inneren lief.

Zwei Reihen Steine bildeten die Mauern. Die Zwischenräume wurden mit Schotter aufgefüllt.

Wie eine Burg entstand

An einer großen Burg wurden mehr als zehn Jahre gebaut. Ein erfahrener Steinmetz leitete die Arbeit. Steinmetze bearbeiteten die Steine, Zimmermänner schnitten das Holz und Bauern verrichteten die schweren Arbeiten. Es gab zwar schon einige Maschinen, aber vieles, wie das Ausheben des Burggrabens, wurde noch mit der Hand ausgeführt.

Mit einer Handsäge wurden aus Baumstämmen Bretter gesägt.

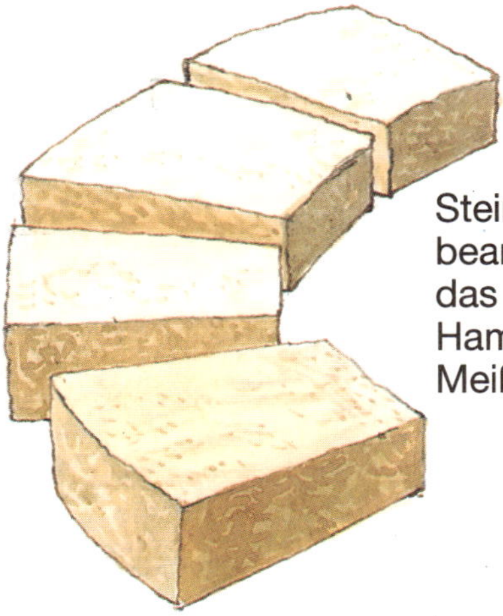

Steinmetze bearbeiteten das Gestein mit Hammer und Meißel.

Das Leben in der Burg

Die Burg war eine kleine Stadt mit eigenen Zimmerleuten, einem Schmied, Dachdeckern und Waffenschmieden. Verschiedene Dienstboten versorgten den Burgherrn und seine

Die Burg im Querschnitt

1. Wendeltreppe
2. Schlafraum
3. Kapelle
4. Große Halle
5. Küche
6. Lagerraum, wurde auch als Gefängnis genutzt
7. Toilette
8. Ställe
9. Schmiede

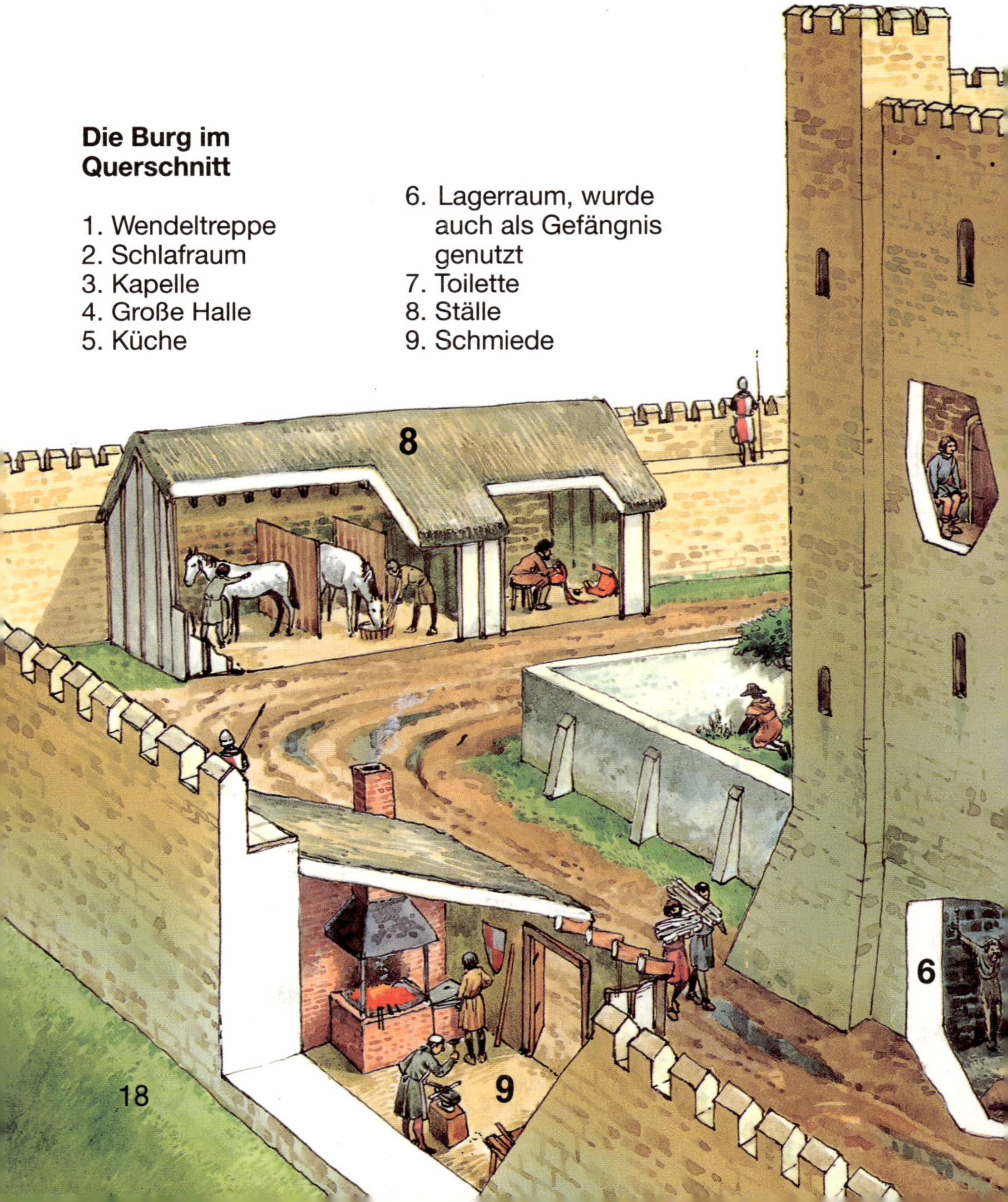

Familie. In jeder Burg lebten viele Soldaten und lagerten große Vorräte. In der spiralförmigen Wendeltreppe konnten die Soldaten ihre Schwerter geschickt gegen die Angreifer einsetzen.

Ein Festessen

Zu vielen Gelegenheiten hielten die Burgherren ein Festessen ab. In der großen Burgküche wurde das Essen zubereitet. Das Fleisch briet auf einem Rost oder am Spieß über dem offenen Feuer, und das Gemüse kochte in einem großen Kessel. Das Essen wurde in der großen Halle serviert, dem größten und geschäftigsten Raum in der Burg. Der Burgherr saß mit seiner Frau und den Gästen am großen Tisch am Ende der Halle.

Das Feuer in der Küche war groß genug, um ein ganzes Schwein oder einen Ochsen zu braten.

Die Herrschaften aßen mit den Fingern und nahmen große Holzplatten als Teller. Reste und Knochen warfen sie auf den Boden.

Sänger, Musikanten und Jongleure unterhielten die Gäste.

Ein Turnier

Wenn die Ritter nicht in einen Krieg zogen, zeigten sie ihre Künste auf einem Turnier. Obwohl dabei Scheinkämfe mit stumpfen Waffen ausgetragen wurden, konnten die Ritter sterben oder sich schwer verletzen. Der Gewinner erhielt jedesmal Waffen, Rüstung und Pferd des Besiegten.

Turniere wurden oft in Kriegspausen oder während des Besuchs eines hochrangigen Gastes abgehalten.

Baue einen Ritterhelm

1

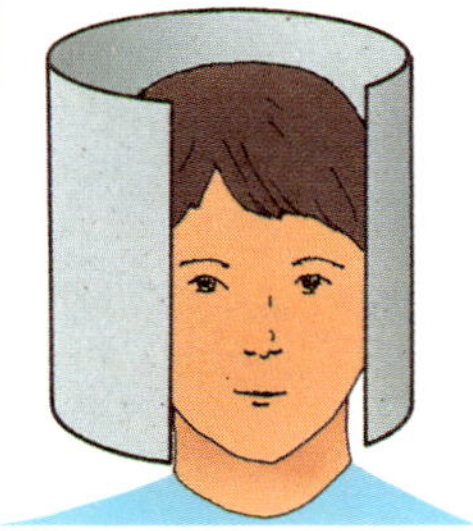

1. Schneide aus Karton ein Stück aus, das um deinen Kopf reicht.

2

3

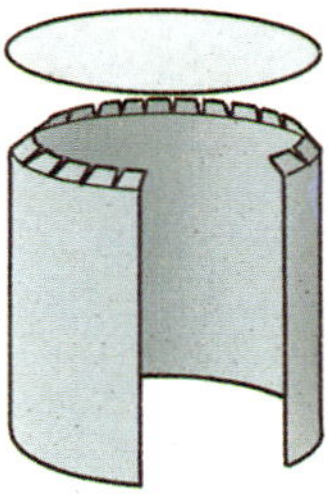

2. Schneide einen Kreis aus.
3. Schneide Klebelaschen und falte sie nach innen.

4

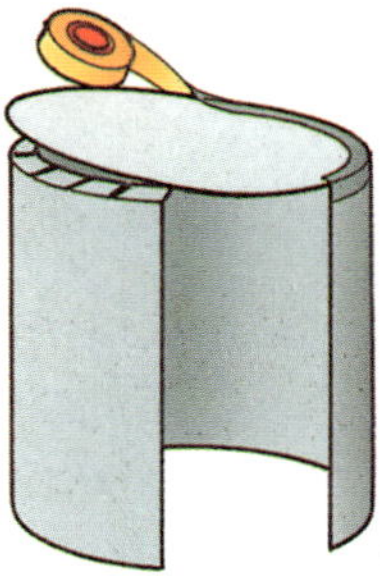

4. Klebe den Kreis auf den Rand des gebogenen Rechtecks auf.

5

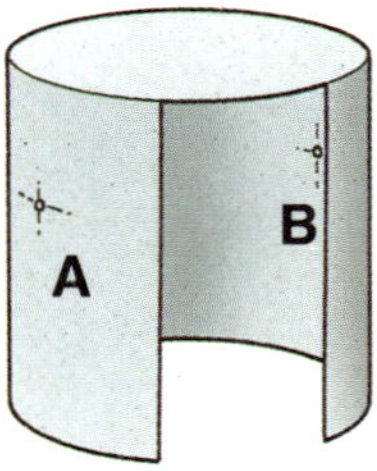

5. Markiere an der rechten und linken Helmseite die Punkte A und B.

6

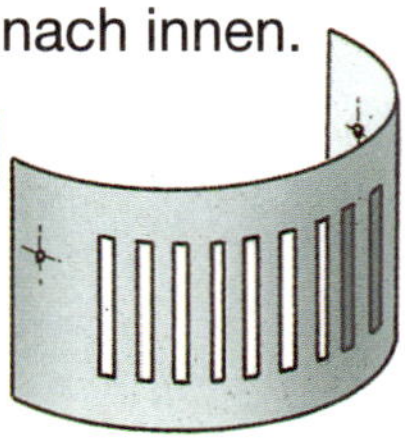

6. Schneide das Visier aus Karton. Sie sollte groß genug sein, um dein Gesicht und die Punkte A und B zu bedecken.

7

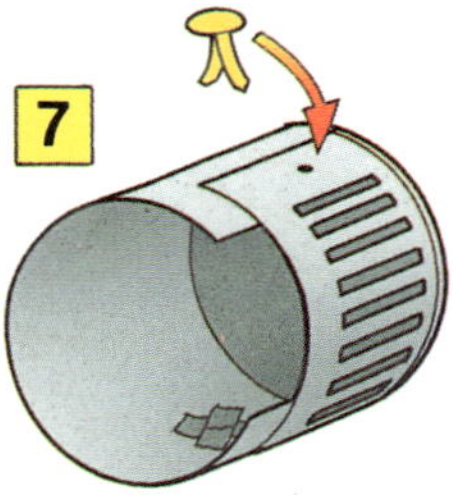

7. Befestige das Visier an den Punkten A und B mit einer Niete und klebe über die Innenseiten Klebeband.

8. Rolle das eingeschittene Papier und fixiere es mit Klebeband.

8

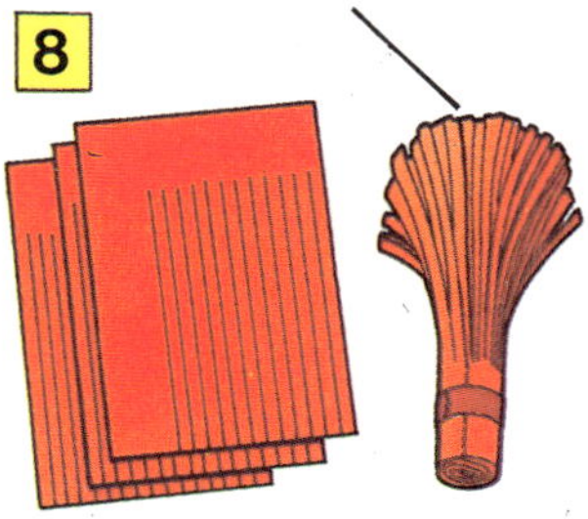

9. Schneide einen »Federbusch« aus farbigen Papier. Befestige ihn mit Klebeband in einem Loch, das du in den Deckel des Helms geschnitten hast. Bemale nun den Helm.

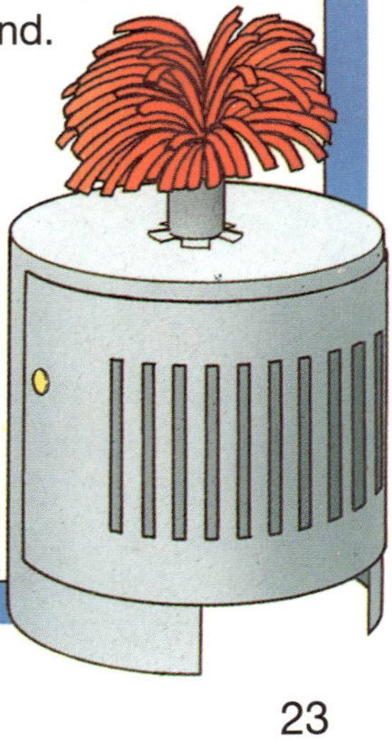

Belagerungsgeräte

Während der Belagerung nutzen die Angreifer verschiedene Methoden, um die Burg einzunehmen. Sie verhinderten die Lebensmittellieferungen, um die Burginsassen auszuhungern. Zur gleichen Zeit erstürmten sie die Burg mit unterschiedlichen Belagerungsgeräten.

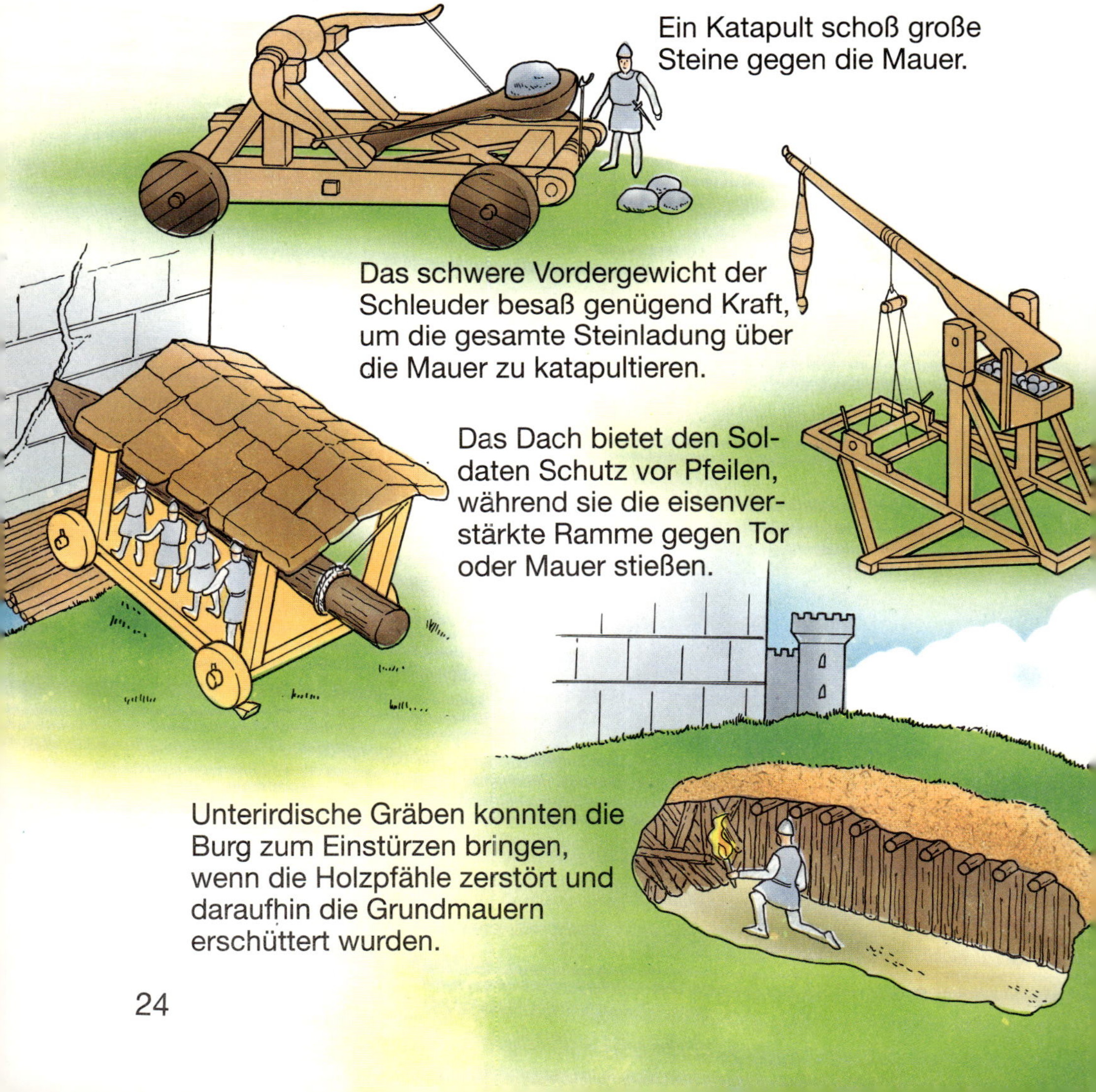

Ein Katapult schoß große Steine gegen die Mauer.

Das schwere Vordergewicht der Schleuder besaß genügend Kraft, um die gesamte Steinladung über die Mauer zu katapultieren.

Das Dach bietet den Soldaten Schutz vor Pfeilen, während sie die eisenverstärkte Ramme gegen Tor oder Mauer stießen.

Unterirdische Gräben konnten die Burg zum Einstürzen bringen, wenn die Holzpfähle zerstört und daraufhin die Grundmauern erschüttert wurden.

Baue dein eigenes Belagerungskatapult

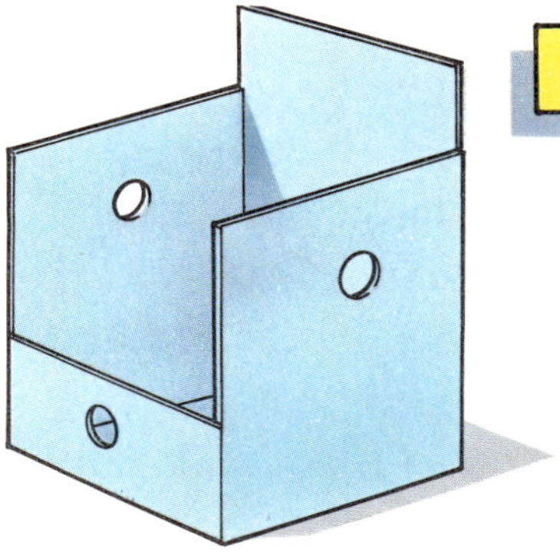

1

1. Schneide die Spitze eines Milchkartons ab und aus die nebenstehende Form aus. Schneide Löcher in die Wände wie in der Abbildung .

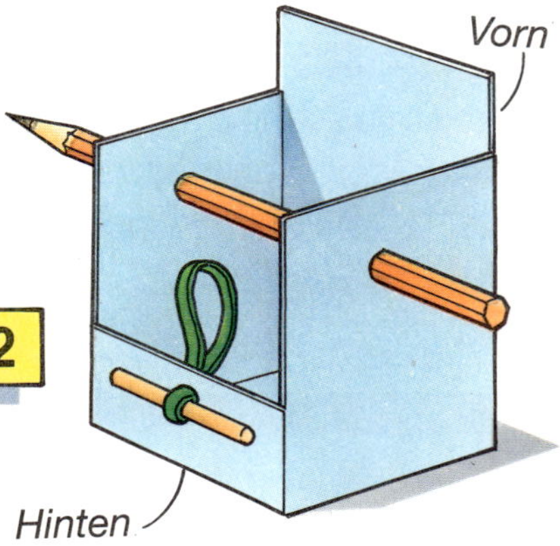

2

2. Führe ein kurzes elastisches Band durch das Loch an der Rückseite. Ziehe ein Streichholz durch die Schlaufe. Schiebe einen Bleistift durch beide Seitenlöcher.

3

3. Schneide eine Streichholzschachtel in der Mitte durch und klebe sie an den Bleistift. Stecke den Bleistift durch die Schlaufe. Falte das überstehende Vorderteil nach hinten und klebe es fest.

4

4. Lege einen Papier- oder Knetgummiball in die Streichholzschachtel und laß los!

Das Ende der Burgen

Nach 1450 ging die Bedeutung der Burgen langsam zurück. Die Erfindung des Schwarzpulvers ließ mit Hilfe der Kanonen die Burgmauern zerbersten. Nur noch Könige besaßen genügend Geld, um stärkere Mauern zu bauen und Kanonen zur Verteidigung herzustellen. Je mehr das Königreich erstarkte, um so friedlicher konnten viele Menschen leben. Der Adel brauchte nun keine eigene Armee mehr und zog aus den kalten, unkomfortablen Burgen in große Landhäuser.

Eine Kanone wird geladen: Mit dem Stopfer wurden Zündstoff und Kugel in das Kanonenrohr gestopft. Eine Lunte brachte die Kanone zum Zünden. Mit dem Wurm wurde das Kanonenrohr nach dem Abschuß gesäubert. Mit kleinen Keilen konnte das Rohr angehoben oder gesenkt werden.

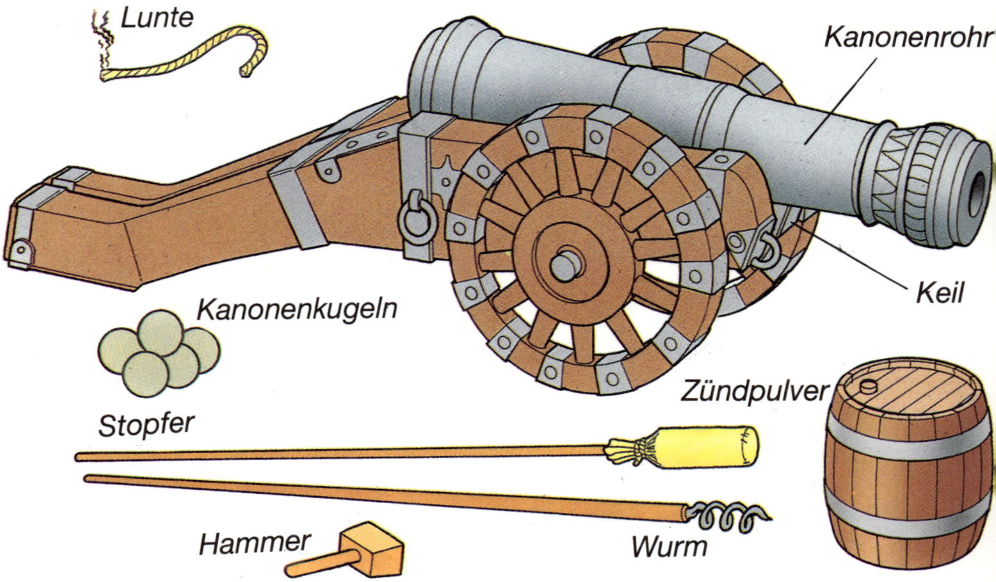

Während der englischen Bürgerkriege in den Jahren 1642 bis 1648 erlangten Burgen erneut an Bedeutung. Mit einfachen Gewehren konnten sich die Verteidiger den Angreifern zur Wehr setzen. Oliver Cromwell, der Führer im englischen Parlament, ließ die Mauern in die Luft sprengen, nachdem er die Burg eingenommen hatte.

Burggeister

Viele Burgen besitzen ihre eigenen Geister. Im Tower von London läuft die Gräfin von Salisbury durch die Gänge und wird dabei von ihrem eigenen Henker verfolgt. Auch Anna Boleyn wurde dort schon gesehen. Glamis Castle, ein vielbesuchtes Schloß in Schottland, besitzt eine Graue Lady und eine Geisterkutsche. Jeder Mensch, dem das Namenlose Grauen begegnete, verlor seinen Verstand!

Das Namenlose Grauen

Die Graue Lady

Ein Burgbesuch

Wenn du eine Burg besuchst, stehen vielleicht nur noch Ruinen. Schaue dir alles genau an und stelle dir vor, wie sich das Leben vor vielen hundert Jahren in der Burg abspielte. Fertige zuerst einen Plan der Burg an. Markiere die wichtigsten Merkmale wie Mauern und Türme. Dann versuche herauszufinden, wo sich die Unterkünfte befanden. Auf der gegenüberliegenden Seite sind die wichtigsten Merkmale zusammengefaßt, die du bei einer Burgbesichtigung erkennen kannst.

Um zu verstehen, wie die Burg früher aussah, versuche alles über die Burgherren herauszufinden, die damals hier lebten, und was mit ihnen geschah.

Entdecke eine Burgruine

Die Burg von der gegenüberliegenden Seite hat sich nun in eine Ruine verwandelt. Mit wenig Mühe wirst du schnell erkennen, wie die Burg früher aussah. Benutze die sieben nachfolgenden Merkmale, wenn du eine fremde Ruine besuchst, um dir vorzustellen, wie die Burg vor hunderten von Jahren aussah.

1. Einschnitte im Torhaus zeigen dir, wo sich das Fallgitter befand.
2. Kamine und Löcher für die Balken zeigen dir, wo jedes Stockwerk verlief.
3. Die Form einiger Räume verraten dir die Reste ihrer Fundamente.
4. Reste der Wendeltreppe sind oft in Türmen und Innenhäusern zu finden.
5. Farb- oder Steinreste weisen darauf hin, wo Häuser an der Innenmauer standen.
6. Alle Mauerreste sind oft entsprechend ihrer Funktion einzuordnen.
7. Löcher in der Mauer zeigen, wo die Ketten der Zugbrücke liefen.

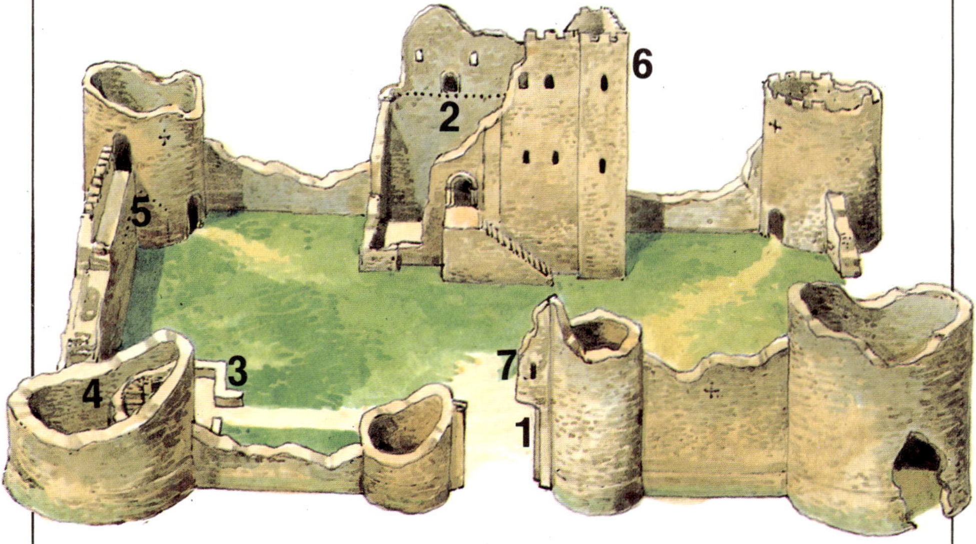

Glossar

Burg:
Eine Verteidigungsanlage des Adels, die im Mittelalter dazu diente, das Volk im Innenhof und den Adel im Wohnhaus Schutz vor Angreifern und Feinden zu geben. Die ersten Burganlagen hießen Fliehburgen.

Burgmauer:
Anfangs aus Holzpfählen, später aus Stein ließen die Burgherren gewaltige Mauern um die Innenburg bauen, um Angreifern den Zutritt ins Innere zu verweigern.

Burgturm:
Türme, die in den Burgmauern eingebaut wurden beherbergten Wachen, wurden aber auch oftmals als Gefängnis benutzt.

Fliehburg:
Die ersten Burganlagen, die aus einem Holzwall und einem Holzturm bestanden, wurden Fliehburgen genannt. In Kriegszeiten fanden hier die Bauern der Umgebung, gemeinsam mit ihren Tieren, Unterschlupf und Schutz vor Feinden im Innenhof.

Fundament:
Jedes Gebäude wird auf einem Fundament aus Stein (heute Beton) errichtet.

Gaukler:
Besonders im Mittelalter wurde das fahrende Volk, das Adeligen und Bauern kleine Kunststücke und Zaubereien vorführte, als Gaukler bezeichnet.

Jongleure:
Mit Bällen, Stäben, Flaschen u.a. jonglierende Künstler, die man heute besonders im Zirkus bewundern kann, werden Jongleure genannt.

Palisade:
Ein Holzwall, der aus starken, zugespitzen Baumstämmen – eventuell in mehreren Reihen – errichtet wird, heißt Palisade.

Pfeilschlitze:
In den Steinmauern der Burganlagen des Mittelalters findet man häufig in bestimmten Abständen schmale, senkrechte Schlitze, die Pfeilschlitze. Aus ihnen schossen die Bogenschützen ihre Pfeile ab, blieben aber selbst geschützt.

Ramme:
Mit einer Ramme, die aus einem großen Eisenträger oder einem Holzbalken mit Eisenspitze bestand, versuchten die Belagerer im Mittelalter das Tor einer Burg oder die Burgmauern gewaltsam zu durchbrechen. Zum Schutz vor den Pfeilen der Burginsassen besaßen einige Rammen ein sicheres Dach.

Ritter:
Im Mittelalter lebender Edelmann, der eigene Ländereien und eine Burg besaß. Später wurden adelige Berufskrieger so genannt.

Ruine:
Ein zerfallenes Bauwerk, durch Krieg, Umwelteinflüsse oder Vernachlässigung, wird als Ruine bezeichnet.

Schwarzpulver:
Der älteste, bekannte Explosivstoff, der bei Feuerwerk, Zündschnüren und Jagdpatronen auch heute noch Verwendung findet, heißt Schwarzpulver.

Steinturm:
Der innere Turm inmitten des Burghofes, der als Wohnraum dem Adel oder als Gefängnis diente, wird als Steinturm bezeichnet.

Turnier:
Zur Unterhaltung oder Demonstration ihrer Stärke hielten die Ritter des Mittelalters häufig Turniere ab. Obwohl dabei mit stumpfen Waffen und Stangen gekämft wurde, konnten sich die Teilnehmer ernsthaft verletzen.

Winde:
Eine Hebevorrichtung aus Seilzug und Rad wird Winde genannt. Mit ihr konnten schon im Mittelalter schwere Steine und andere Materialien angehoben werden.

Zugbrücke:
Vom Tor der Burgmauer über den Burggraben konnte eine Brücke mit Hilfe einer Kette und Winde heruntergelassen oder zum Schutz hochgezogen werden.

Index